Cynnwys

Anifail anwes neu anifail peryglus?

Pysgod ... pysgod ... pysgod

Mae rhai pobl yn hoffi pysgod fel anifeiliaid anwes.

Pysgod bach glas efallai ...

... neu beth am ... pysgodyn aur?

Mae pysgodyn aur yn anifail anwes grêt. Mae'n byw mewn powlen o ddŵr ac mae'n nofio rownd ... a rownd ... a rownd.

Mae llawer o bobl yn hoffi pysgodyn aur fel anifail anwes.

Gofalus!

Anifeiliaid peryglus yn y dŵr

Rhiannon Packer

@ebol

Cyfres Darllen Difyr

Hwyl! Briciau … briciau … briciau
Gwahanol! Chwaraeon gwahanol
Hapus! Hwyl a gŵyl ar draws y byd
Bach! Pryfed yr ardd

Anturus! Ydych chi'n barod am antur?
Cyffrous! Chwaraeon pêl gwahanol
Heini! Rasio gwahanol
Gweithgar! Ceffylau … ceffylau … ceffylau

Cyflym! Beth sy'n symud yn gyflym?
Talentog! Beth ydy'ch talent chi?
Peryglus! Anifeiliaid peryglus
Gofalus! Anifeiliaid peryglus yn y dŵr

Symbolau:

B brathu

G gwenwyn
gwenwynig

P pigo
pigiad

Golygwyd gan Non ap Emlyn
Dyluniwyd gan stiwdio@ceri-talybont.com
Mapiau gan Alison Davies, www.themappingcompany.co.uk
Cartwnau gan Roger Bowles
Rheoli ac ymchwil lluniau gan Megan Lewis a Dafydd Saunders Jones

Aelodau'r Pwyllgor Monitro: Eleri Goldsmith (AdAS); Michelle Hutchings, Ysgol Pontyclun; James Jones, Ysgol Gynradd Victoria, Wrecsam; Petra Llywelyn; Pamela Morgan, Ysgol Gynradd Baglan, Port Talbot; Anthony Parker, Ysgol Gynradd Rogiet, Sir Fynwy; Laura Price, Ysgol Gynradd Llysweri, Casnewydd a Sara Tate, Ysgol Tanyfron, Wrecsam

Noddwyd gan Lywodraeth Cymru

Cydnabyddiaethau
Hoffai'r awdur a'r cyhoeddwr ddiolch i'r canlynol am eu caniatâd i atgynhyrchu'r lluniau a'r deunydd hawlfraint yn y llyfr hwn. Mae pob ymdrech wedi'i wneud i ganfod perchenogion hawlfraint y deunydd a ddefnyddiwyd yn y llyfr hwn. Bydd unrhyw ganiatâd hawlfraint sydd heb ei gynnwys gan y cyhoeddwr yn yr argraffiad hwn yn cael ei gydnabod mewn ail argraffiad.
Roger Bowles: tud. 15, tud. 20 a logo 'Help'; Alison Davies: tud. 6, tud. 8, tud. 11, tud. 13, tud. 16, tud. 18, tud. 22 a thud. 24; Shutterstock: tud. 5 a thud. 7; Wikipedia: tud. 24.

OND ...
... beth am y
pysgodyn yma?

Dyma'r pirana. Edrychwch ar y dannedd mawr, miniog.

Mae'r pirana yn beryglus - yn beryglus iawn.
Dydy e ddim yn anifail anwes da iawn.

Y pirana

ffeithiau

Y pirana

Maint:	15-25 cm
Sawl math:	2
Bwyta:	Cig

Dyma ble mae'r pirana yn byw:

DE AMERICA

Pam mae'r pirana yn beryglus?
Mae'r pirana yn brathu.

Y pirana – mwy o ffeithau:
- Mae'r pirana yn gallu arogli gwaed.
- Mae'r pirarna yn hela mewn grwpiau.

B

- Mae pobl yn Ne America yn hoffi bwyta pirana.

HELP!

- Peidiwch mynd i'r dŵr ble mae pirana!

Pysgodyn pergylus

Pysgodyn y cerrig (stone fish) ydy'r pysgodyn mwyaf peryglus.

ffeithiau

Pysgod y cerrig

Maint:	30-40 cm
Sawl math:	5
Bwyta:	Pysgod bach a berdys

Dyma ble mae pysgod y cerrig yn byw:

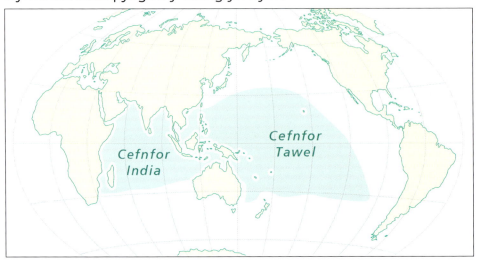

Cefnfor India

Cefnfor Tawel

Pam mae pysgodyn y cerrig yn beryglus?
- Mae'n anodd gweld y pysgodyn. Ble mae pysgodyn y cerrig yn y llun?

pigau
gwenwynig

- Mae 13 pigyn gwenwynig ar gefn y pysgodyn.
- Os ydych chi'n sefyll ar bysgodyn y cerrig, mae'r gwenwyn yn y pigyn yn boenus iawn, iawn.
- Mae'r gwenwyn yn achosi sioc ac mae'n eich parlysu chi.
- Rydych chi'n gallu marw mewn 2 awr.

G

- Os ydych chi'n sefyll ar y pysgodyn, rhaid rhoi'r droed mewn dŵr poeth. Rhaid mynd i'r ysbyty ar unwaith.

Pysgod y cerrig – mwy o ffeithiau:
Yn Japan, mae pobl yn hoffi bwyta pysgod y cerrig.

Pysgodyn rhyfedd

Dyma bysgodyn rhyfedd iawn.

ffeithiau

Chwyddbysgodyn *(Puffer fish)*

Maint:	2.5-61 cm
Sawl math:	Tua 120 – ond dydy pob chwyddbysgodyn ddim yn wenwynig
Bwyta:	Bwyd y môr – crancod, wystrys, cimwch coch

Dyma ble mae'r chwyddbysgod yn byw:

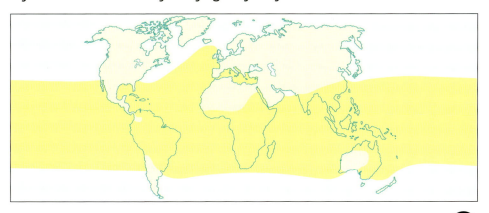

Bob blwyddyn, mae cant (100) o bobl yn marw ar ôl bwyta chwyddbysgodyn.

Pryd o fwyd chwyddbysgodyn, '*fugu sashimi*'

12

Y crocodeil

ffeithiau

Y crocodeil

Maint:	100-485 cm
Sawl math:	13
Bwyta:	Pysgod, adar, crocodeilod bach ac anifeiliaid weithiau

Dyma ble mae crocodeilod yn byw:

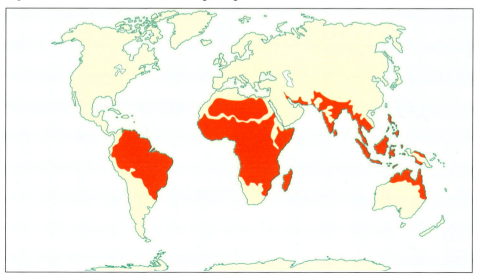

Pam mae'r crocodeil yn beryglus?

- Mae'n anifail ffyrnig iawn, iawn!
- Mae'r crocodeil yn llonydd iawn ond mae'n gallu symud yn gyflym iawn.
- Mae dannedd y crocodeil yn finiog iawn.

Bob blwyddyn, mae crocodeil yn lladd rhwng chwe chant (600) ac wyth cant (800) o bobl.

Peidiwch nofio ble mae crocodeil!

Rhaid rhedeg i ffwrdd o'r crocodeil.

ffeithiau

Y crocodeil

- Roedd crocodeilod yn byw ar y ddaear pum deg pum miliwn (55,000,000) o flynyddoedd yn ôl.
- Roedd y crocodeil mwyaf hir yn 7 metr!

Yr hipopotamws

ffeithiau

Yr hipopotamws

Sawl math:	2
	Hipopotamws: Tua 3.3-5 m
	Hipopotamws Pigmi: Tua 1.5 m
Bwyta:	Planhigion yn y dŵr a glaswellt
	Mae'n bwyta 40 kg o laswellt
	bob nos

Dyma ble mae'r hipopotamws yn byw:

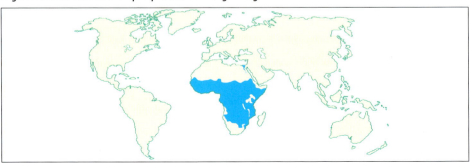

Pam mae'r hipopotamws yn beryglus?

- Mae'n drwm iawn.
- Mae dannedd mawr gyda'r hipopotamws.
- Mae'n ffyrnig iawn.

- Rhaid gadael i'r hipopotamws fynd i'r dŵr.
- Ar gwch, rhaid gwneud llawer o sŵn.

Bob blwyddyn, mae'r hipopotamws yn lladd rhwng cant (100) a chant pum deg (150) o bobl.

ffeithiau

Yr hipopotamws – mwy o ffeithiau:

- Mae'r hipopotamws yn aros yn y dŵr am 16 awr bob dydd.
- Mae'n gallu aros o dan y dŵr am 5 munud.

Y slefren fôr

Y slefren fôr

Maint:	Bach iawn (2.5 cm) – mawr iawn (4 metr)
Sawl math:	Dros 2000. **Y slefren fôr bocs** ydy'r slefren fôr fwyaf peryglus.
Bwyta:	Pysgod bach a berdys

Dyma ble mae'r slefren fôr bocs yn byw.

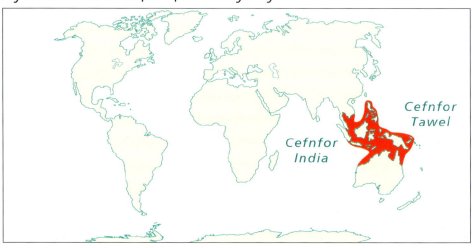

Cefnfor Tawel

Cefnfor India

Pam mae'r slefren fôr yn beryglus?

- Edrychwch ar y tentaclau. Maen nhw'n pigo.

P

G

- Mae tentaclau'r **slefren fôr bocs** yn wenwynig iawn. Mae'r gwenwyn yn boenus iawn.

Bob blwyddyn, mae'r slefren fôr yn lladd rhwng chwe chant (600) ac wyth cant (800) o bobl.

- Rhaid gwisgo siwt nofio arbennig.
- Os ydych chi'n cael pigiad, rhaid dod allan o'r môr.
- Rhaid rhoi finegr ar y pigiad i helpu'r boen.

Rhaid tynnu'r pigiad. Rhaid mynd i'r ysbyty.

Roedd y slefren fôr yn byw yn y môr bedwar cant pum deg miliwn (450,000,000) o flynyddoedd yn ôl.

Y siarc

Mae'r siarc yn bysgodyn peryglus iawn!

Y siarc teigr

ffeithiau

Y siarc

Maint:	20 cm-2 fetr
Sawl math:	Dros 375
	4 math peryglus:
	y siarc teigr
	y siarc mawr gwyn
	y siarc esgyll gwyn (*oceanic whitetip shark*)
	y siarc tarw
Bwyta:	Mae rhai'n bwyta plancton - anifeiliaid bach iawn, iawn. Mae'r siarcod peryglus yn hoffi bwyta pysgod a chig

Y siarc mawr gwyn

Y siarc esgyll gwyn

Y siarc tarw

Dyma ble mae siarcod yn byw:

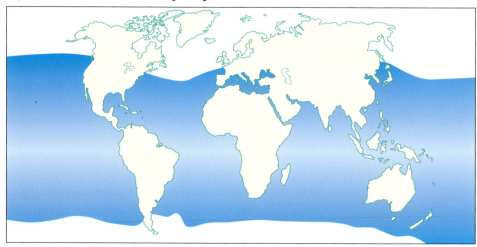

Pam mae'r siarcod yn beryglus?
- Mae dannedd y siarcod peryglus yn finiog iawn.
- Maen nhw'n glyfar iawn.
- Maen nhw'n nofio'n gyflym iawn yn y dŵr.

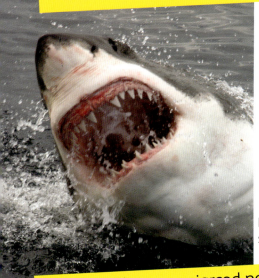

Siarcod peryglus

Dannedd miniog y siarc mawr gwyn

Bob blwyddyn, mae siarcod peryglus yn lladd tua chant (100) o bobl.

- Peidiwch gwisgo melyn neu oren. Dydy siarcod ddim yn hoffi melyn neu oren.
- Mae siarcod yn gallu arogli gwaed. Rhaid dod allan o'r môr yn gyflym iawn os ydych chi'n gwaedu.
- Rhaid aros gyda'ch ffrindiau – dydy siarcod ddim yn hoffi grwpiau o bobl.

Y siarc esgyll gwyn

ffeithiau

Siarcod

- Roedd siarcod yn byw yn y môr bedwar cant dau ddeg miliwn (420,000,000) o flynyddoedd yn ôl.
- Mae siarcod yn gyflym iawn.
- Mae gan siarc morfilaidd fwy na phedair mil (4,000) o ddannedd!

23

Malwoden beryglus

Edrychwch ar y gragen yma – mae'n hardd iawn, ond mae malwoden beryglus yn byw yn y gragen – y falwoden gôn marmor *(marbled cone snail)*.

Dyma ble mae'r falwoden gôn marmor yn byw.

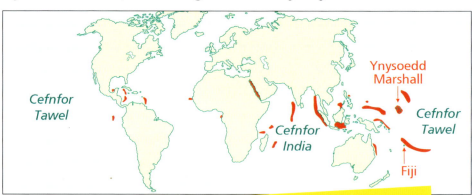

Pam mae'r falwoden gôn marmor yn beryglus?
Mae'r falwoden yn pigo. Mae'r pigiad yn wenwynig iawn.

Mae'r cregyn yn hardd iawn. Yn Hawaii, maen nhw'n defnyddio'r cregyn i wneud gemwaith.

Mae'r cregyn yn hardd, ond cofiwch, mae'r falwoden yma'n beryglus.